banhei minha mãe

banhei minha mãe

Beto Furquim
poemas
Alex Cerveny
desenhos

1ª edição | São Paulo, 2018   LARANJA   ORIGINAL

B

[SUMÁRIO B]

- 11 banhei minha mãe
- 15 nada é cedo nem tarda
- 17 rastro
- 21 tua noite
- 23 está lá
- 25 remorte
- 27 margem
- 29 alter-retrato
- 33 búrnea
- 35 o primeiro gole de chope
- 37 tudo pode
- 39 sob mântua – poema sobre uma foto no jornal
- 41 crônica
- 43 no ouvido
- 45 levável
- 47 língua viva
- 49 riacho
- 51 átimo
- 53 por um triz
- 55 overmatch
- 56 reverta

Para Diana,
que encorajou-me a dizer a mim mesmo:
sou poeta.

Beto Furquim

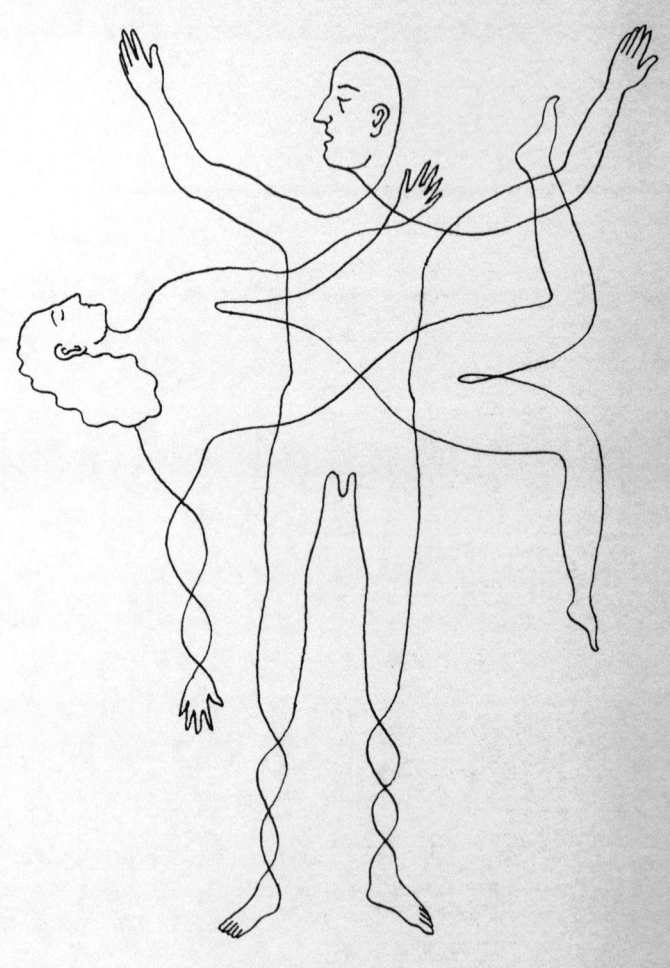

banhei minha mãe

ela pediu
a cuidadora faltou
só tinha eu

banhei minha mãe
não sabia
onde ficavam
suas roupas

banhei minha mãe
vi seu corpo
tão pequeno
só essência

banhei minha mãe
na verdade
era só
começar

banhei minha mãe
pus a mão ensaboada
na vagina
minha origem

banhei minha mãe
ela não quis
molhar
o cabelo

banhei minha mãe
os pelos púbicos
nem todos
brancos

banhei minha mãe
as pernas
resumidas
à metade

banhei minha mãe
os seios operados
não lembram
mais nada

banhei minha mãe
ela disse
que as costas
estavam limpas

banhei minha mãe
mas lavei
o vão
entre os dedos dos pés

banhei minha mãe
adiei
o momento
de desligar a água quentinha

banhei minha mãe
agora
sou capaz
de tudo

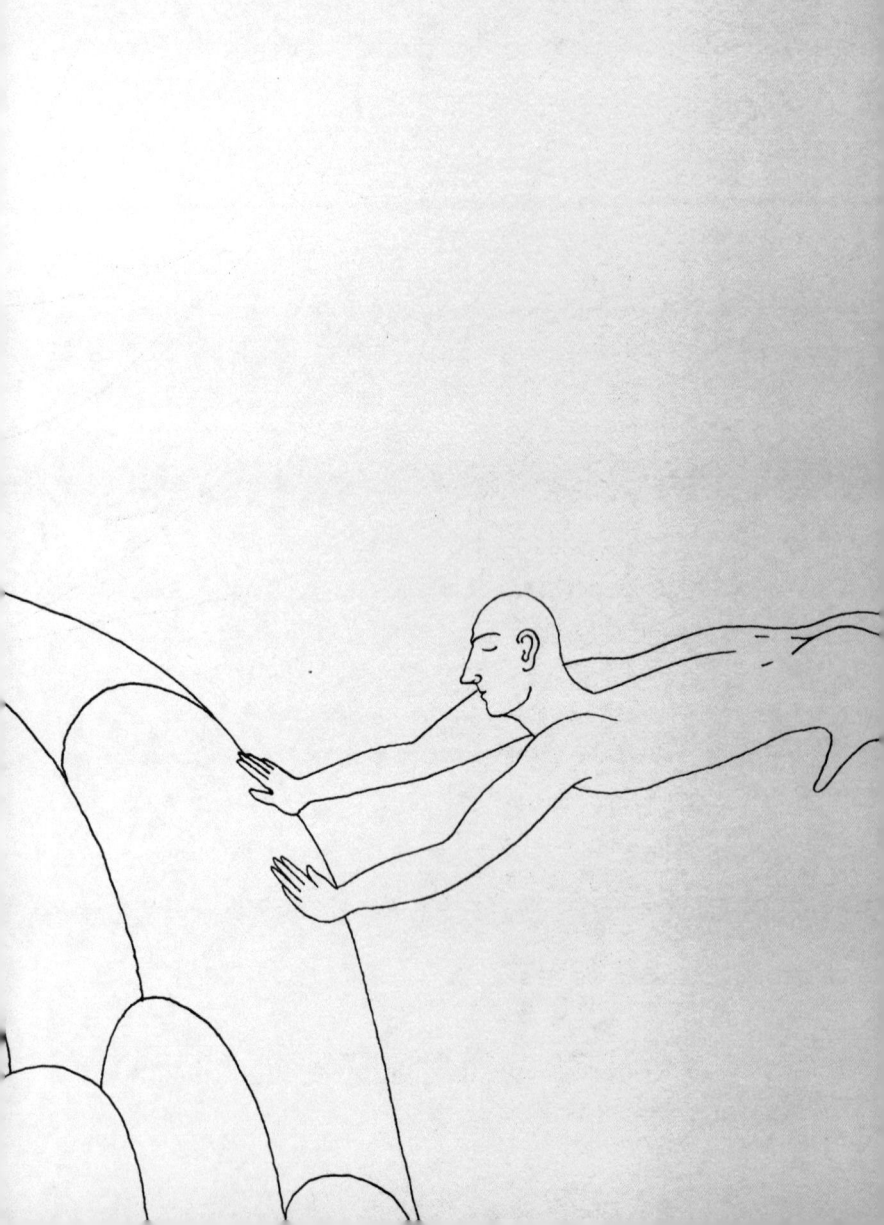

nada é cedo nem tarda

noite perto
já me sinto
coberto

noite posta
todo escuro
se encosta

noite pensa
logo passa
ou imensa

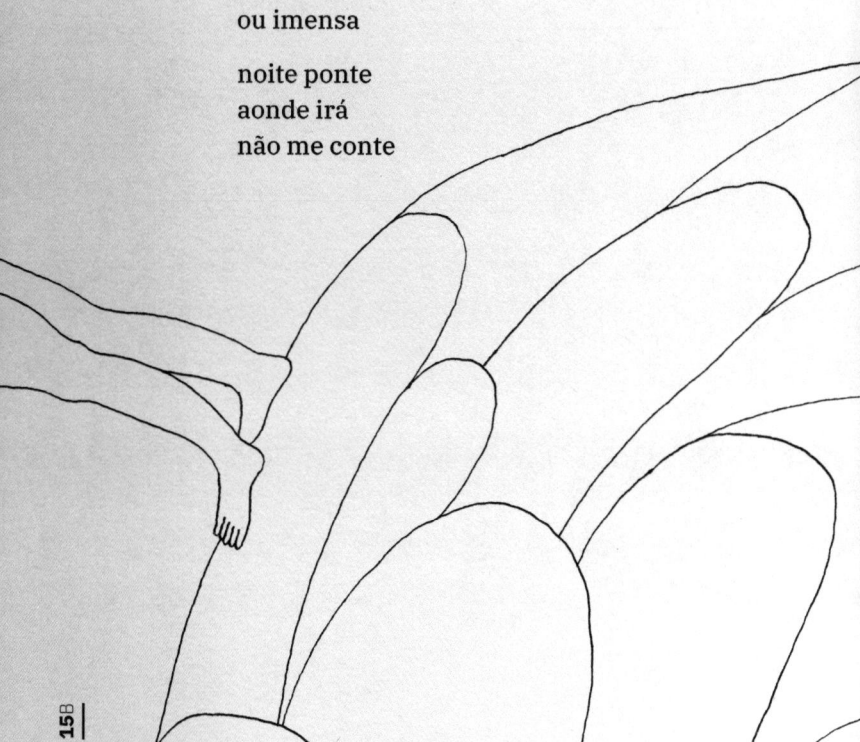

noite ponte
aonde irá
não me conte

rastro

I. jusante

se eu partisse amanhã de manhã
pelo mundo
como um louco
sem documentos
sem avisar ninguém
deixaria como rastro apenas esta dor.

ela me define:
envia uma comitiva
antes de mim
preparando tudo
como se ao invés de refugiado
fosse um mandarim.

limita meu olhar
rarefaz minha voz
titubeia meus passos —
torna-os, simultaneamente, arrastados e
    urgentes.
olhar, voz e passos
não são teus
nem mais meus,
abismo líquido sem cor.

como não soube
desvencilhar meus pés
de um barco à deriva
infinito rio abaixo?

estou condenado à poesia.
só ela, adernando além e além,
me leva a ti.

II. montante

ao cabo do descurso
por que velo, velas;

no vazio do zunido do vento,
no oco da madrugada que sucede e antecede
o mesmo
nada;

bem lá, onde a luz se curva
e as escolhas vestidas e vencidas
ainda jazem plenas na mesa
que bambeia,

nos encontraremos
a cerzir, enfim, o universo.

será nossa gargalhada
nosso gole de rum.

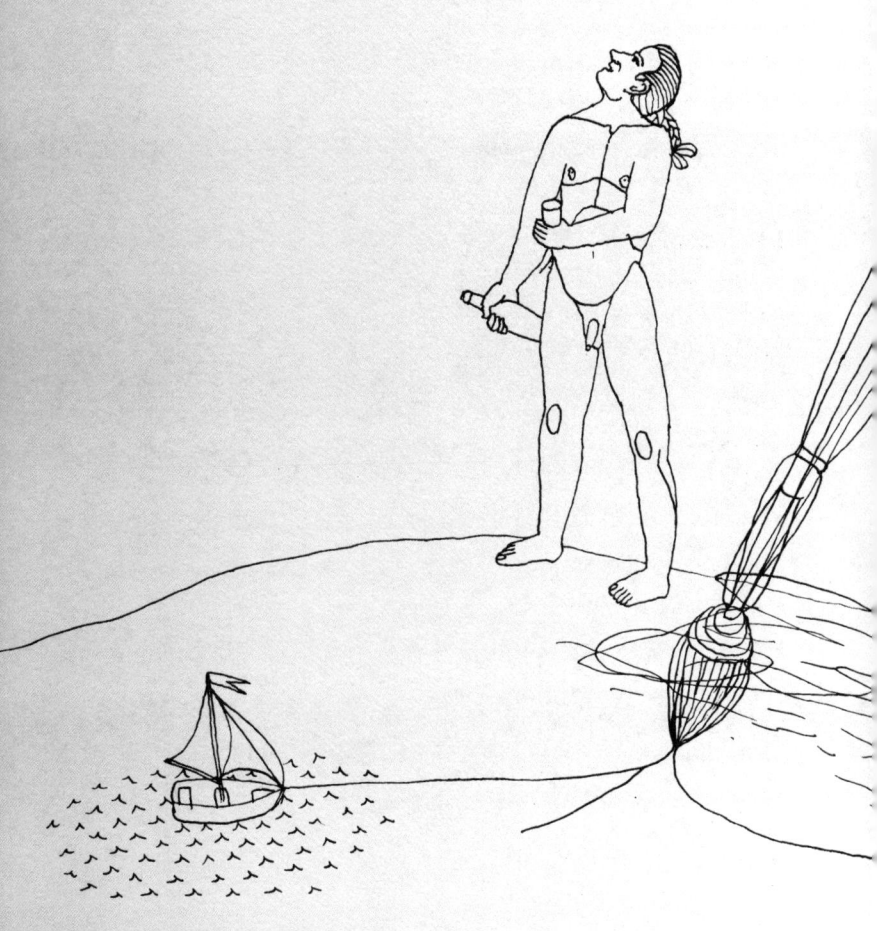

tua noite

me ofereceste a cama inteira
e te aconchegaste filhote
em quase nada
oásis reduto remoto
lâmina

do meu posto no vasto deserto
contemplo
por tempo absurdo
o rosto tombado
bronze macio
ondulado ao beijo do vento
feito seixo
os
olhos
fechados
a respiração
mal se adivinha
como fosse crível
beber simplesmente
o mero silêncio da noite

microssuspiros neon
faíscam
rave sagrada segredo
corpo negro pulsa flutua
cintila

está lá

há sim: está lá quieto,
ou quase,
a estalar o galho que não é mais
nem brasa
mal cinza é
já nem mais queima
e estala ainda,
teima.

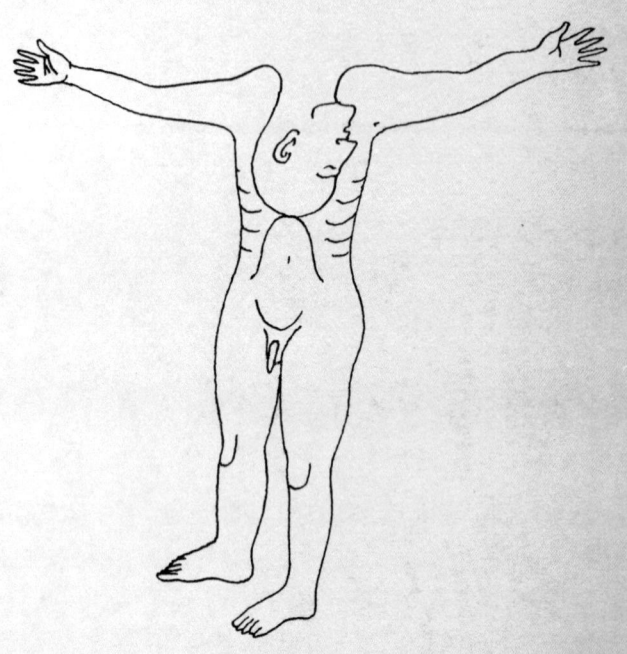

remorte
---

quando um amor enorme
remorre
nada é bonito
a noite estrangeira
te cospe pra dentro
a intermitência cessa em súbito insuportável
   silêncio
fila cinzenta de imigração

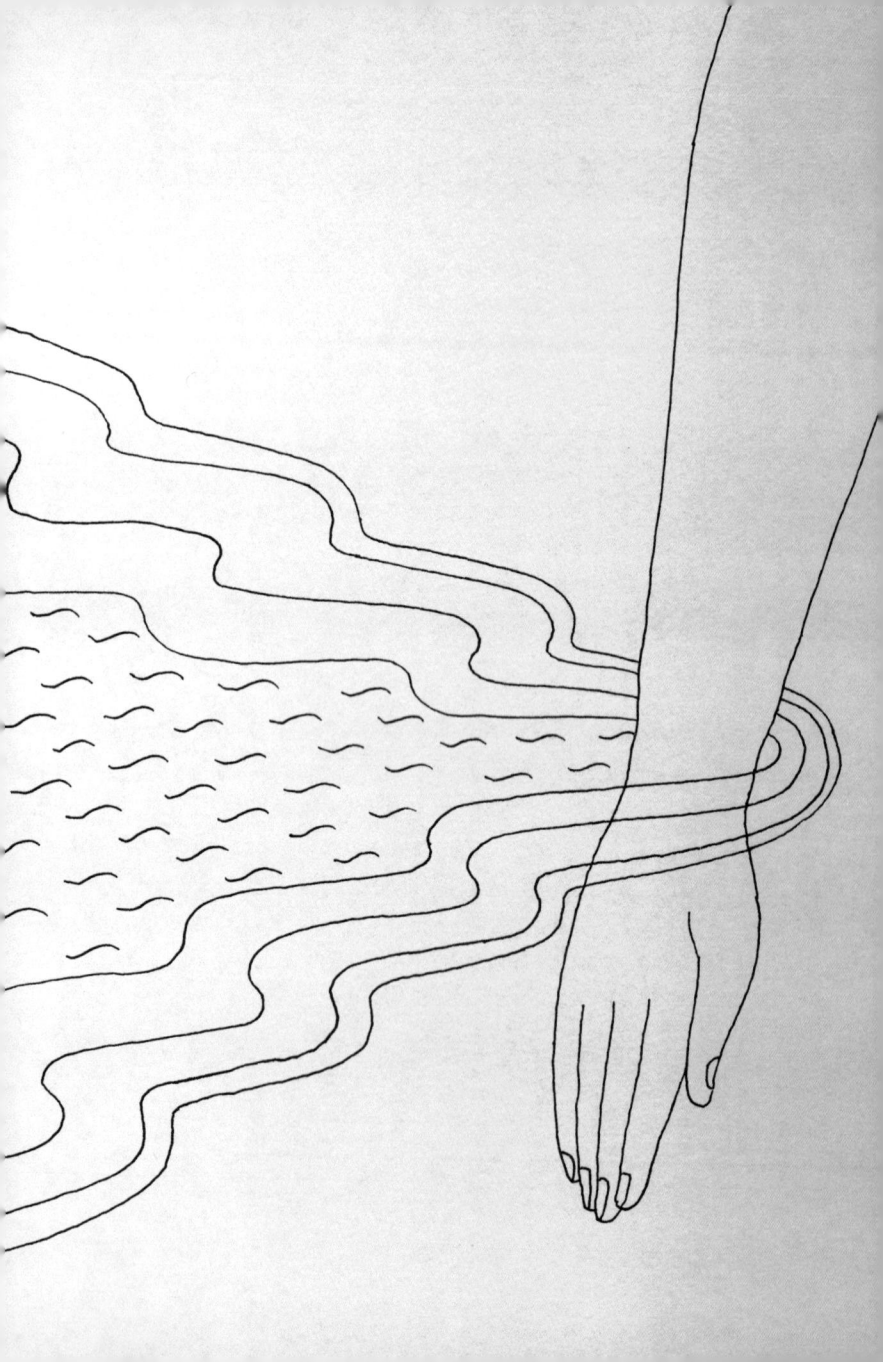

margem

errando só no rio
nu corpo da canoa
os olhos no vazio
e o oco só ressoa
o murmúrio do rio

sondaia solta um pio
e a sombra se amontoa
o peito sente frio
o braço rema à toa
a escuridão do rio

cê vai, ocê fica, você não volta mais

o mundo por um fio
que a água desenhou
e o corpo conduziu
até que a mão deixou
a vida pelo rio

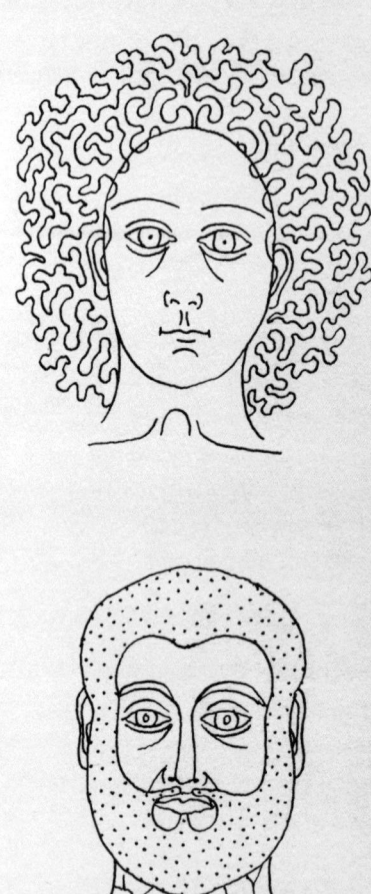

alter-retrato

como o filho de uma mulher
que, no avesso que avulta
da aniquilação do corpo,
ressalta ainda mais
o olhar
pronto à quase lágrima
pulsante da delícia
e do encontro;

como o filho dessa mulher
com um homem que dilata as veias do pescoço,
transborda os olhos absurdamente
verdes
e vibra
palavras de labareda
e tempestade
com a voz rebelaisiana
de um possêidon abissal;

como o filho desses semideuses que renovam
e renovarão ainda depois da morte
a maravilha de abraçar,
cantar, dançar
e louvar
em pleno ar
o exato
momento
em que soa
esta
oração;

como alguém que,
por trás
da sutileza contemplativa
e da forma
por vezes mesmo minuciosa,
não disfarça —
nem poderia —
o leão
o dragão
que urra
e agarra a guerra e a farra
em língua de vulcão;

como,
enfim, esse bardo
que pendura no cabide
seu langor macunaímico
e sai rocinante entre neons
rumo à voz do entusiasmo e da epifania

não ficaria
completamente
nu
a cada nota de
don't
let
me
down?

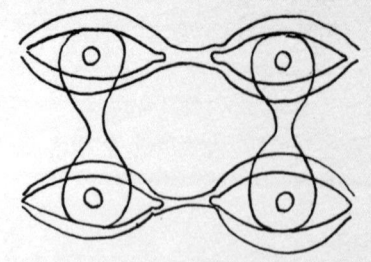

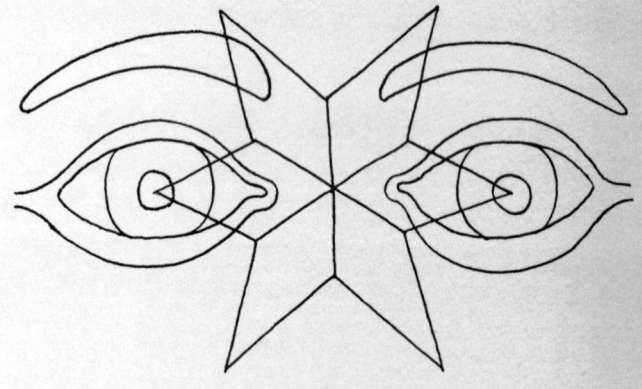

búrnea

criança que procura o centro do olhar
que não teme essa ignição búrnea
que se atira sem hesitar
e se estende, oferenda,
cálculo algum.
só a beleza absoluta de acordar
o ser profundo e imprevisível
e roçar outro ser
com gesto de rito.

os adultos tristes e tépidos
ciosos de códigos e garantias
que se entendam depois.
ou não.

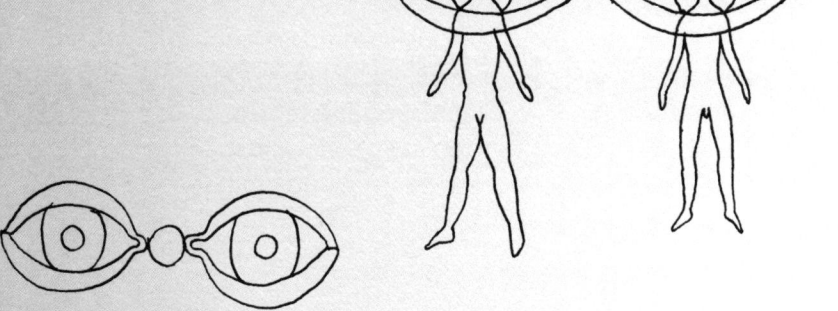

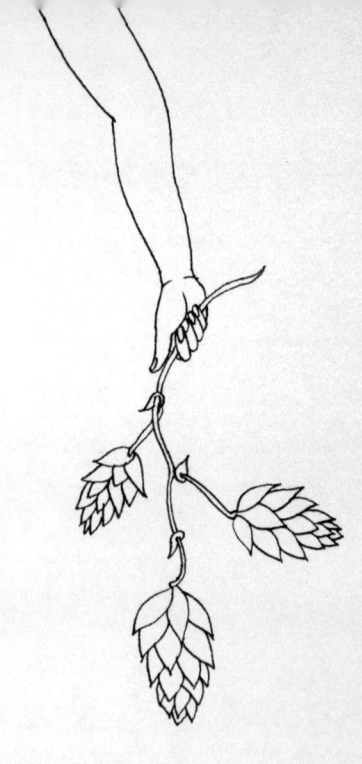

o primeiro gole de chope

beijo de nariz na espuma,
prazer insolente,
pausa, expectativa:

    sou esse brilho âmbar!
    fel viscoso, néctar,
    lua cheia na cara,
    choque de temporal!

o mais gelado e delicioso
de todos que virão.

o rito,
o portal.
o sopro da canção.

a noite toda vale pelo
efêmero
gole inaugural.

(os seguintes nada mais terão que o mesmo copo:
vaga nostalgia, busca vã
de realumbramento.
jamais me enganarão,
por ébrio que esteja.

sempre faltará a nota implícita.
aquela inexistente,
mas que a avidez
adivinha.)

qualquer outro assunto
se trai,
escancara-se pretexto.
o primeiro gole de chope
é um brinde a si mesmo.

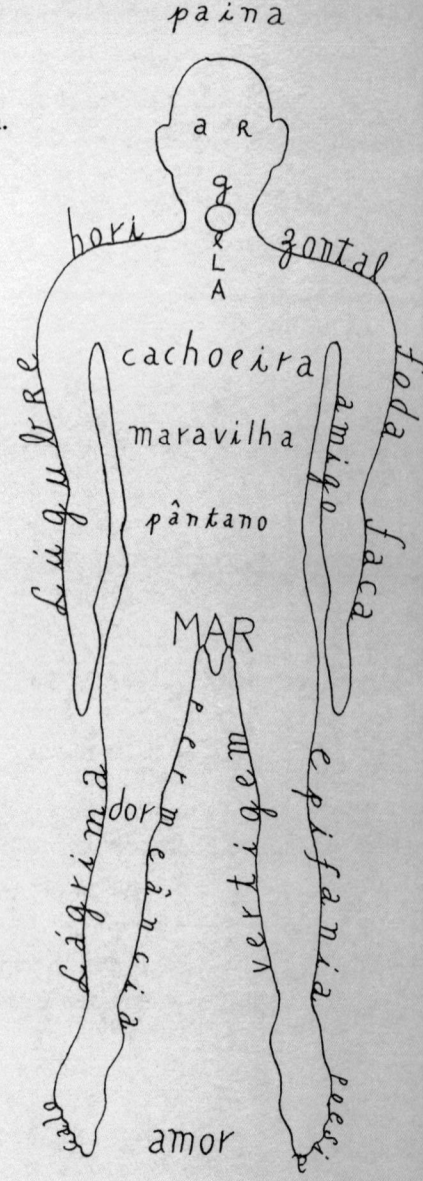

tudo pode

poesia tudo pode
poesia é minha cachoeira
meu pântano
meu mar

poesia pode paina
permeância
pode faca
pode lúgubre
pode foda
epifania

pode fim horizontal
pode caber a pior lágrima
pode abrir em vertigem
maravilha
quem disse?

poesia é meu amigo
minha amor
pedra no calo
nó na goela
meu ar
dor

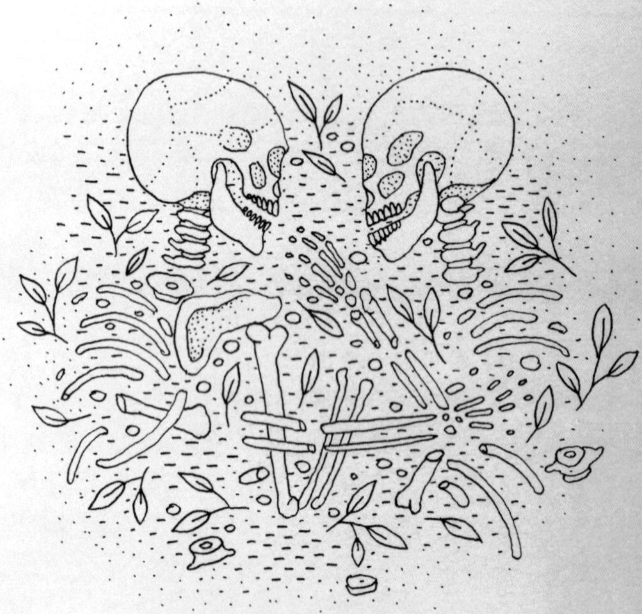

sob mântua — poema sobre uma foto no jornal

esse amor dobra a morte
dá a volta
por dentro

dois corpos no centro
em curto-
-circuito

não há outro intuito:
um gesto
eterno

nem céu nem inferno
a farra
na terra

quem ama se aferra
encosta
seu prumo

é esse o resumo
dos seres
humanos

nem cinco mil anos
exaurem
a sorte

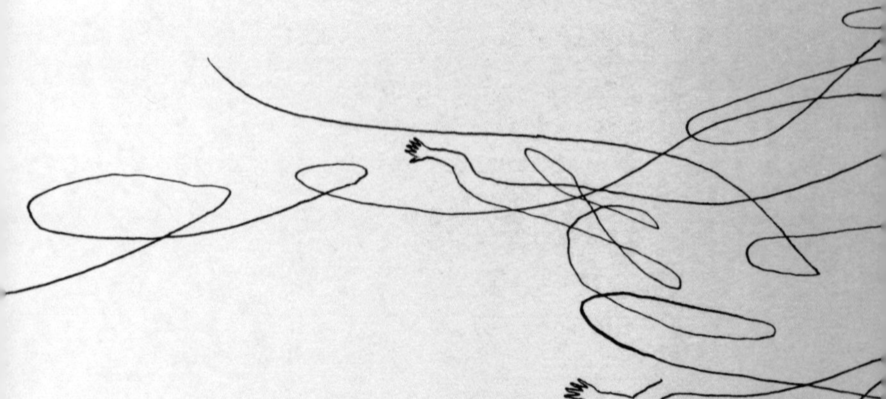

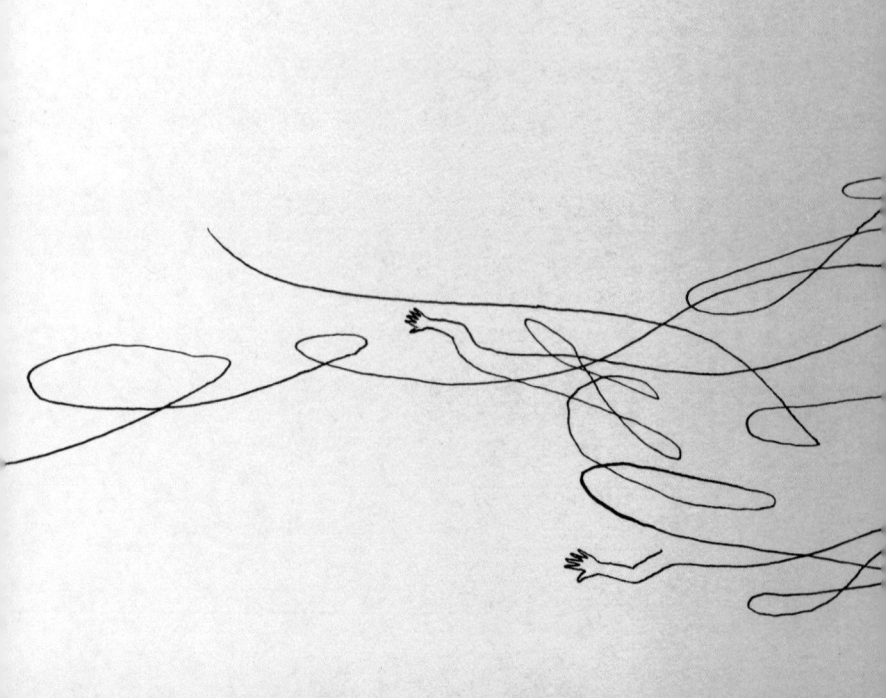

crônica

tomei lentamente minha coca-cola
com gelo e limão
em pose de quase pensador
como quem tomasse um conhaque.

não sem esforço
permiti que os minutos se espreguiçassem.
e bem aos poucos foi se esvaecendo um véu
que — só então vi — se antecipava a todas as coisas.

e as sombras viraram rostos de novo.
nunca haviam deixado de ser rostos,
mas na minha lente tinham a cor gigantesca
   da novidade.

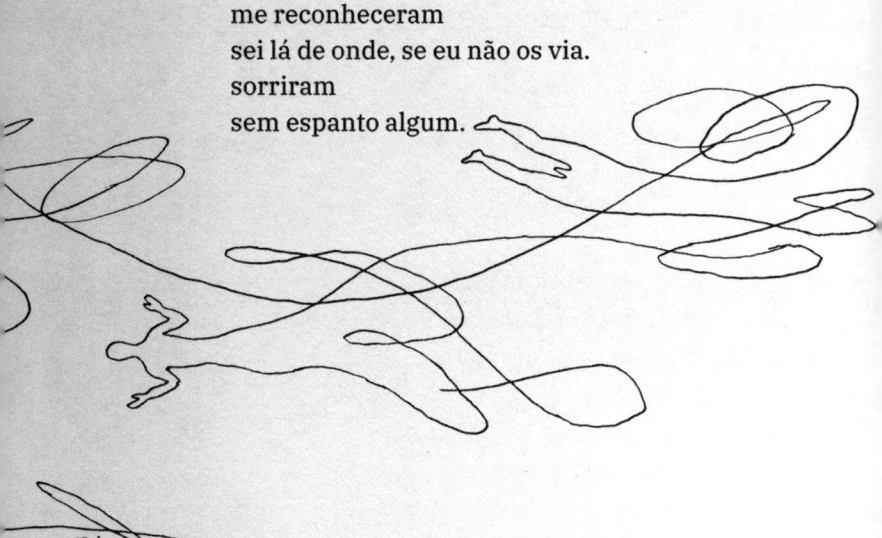

me reconheceram
sei lá de onde, se eu não os via.
sorriram
sem espanto algum.

poucas palavras, próximas
como a água suficiente que a planta pede,
e o olhar engatado
um no outro,
só isso.

num relance de nada
estava ali bem rente ao meu alcance
o sublime,
desmascarador da mesquinharia
útil, de cada dia,
aquela que me concede um canudo para
    respirar e prosseguir,
tão engessado na dor que não a percebo.

o canudo recupera a coca-cola,
que bebi direto no copo,
os lábios grudados no vidro gelado,
até o último vestígio de diluição.

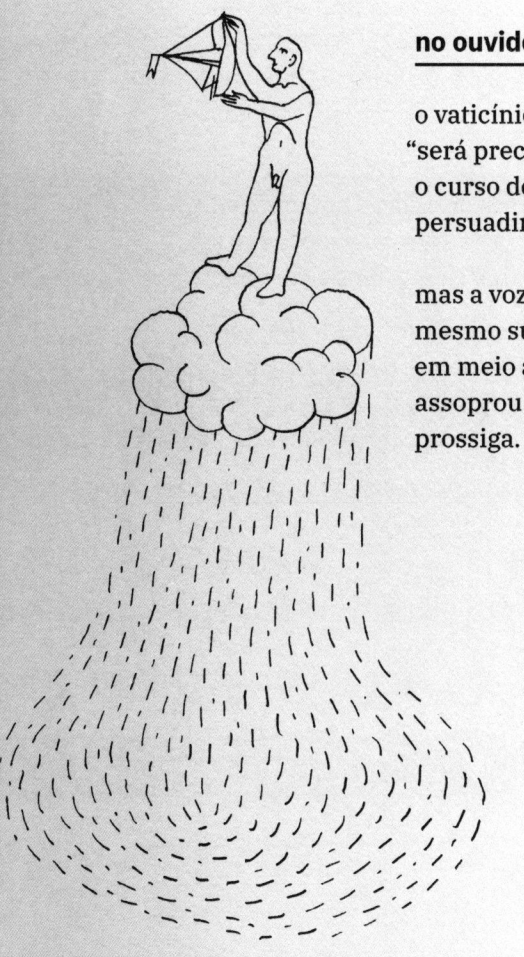

no ouvido

o vaticínio não facilitava nada:
"será preciso revolver
o curso do rio.
persuadir a maré".

mas a voz do encantamento,
mesmo suave,
em meio ao meu torpor aflito,
assoprou bem assim:
prossiga.

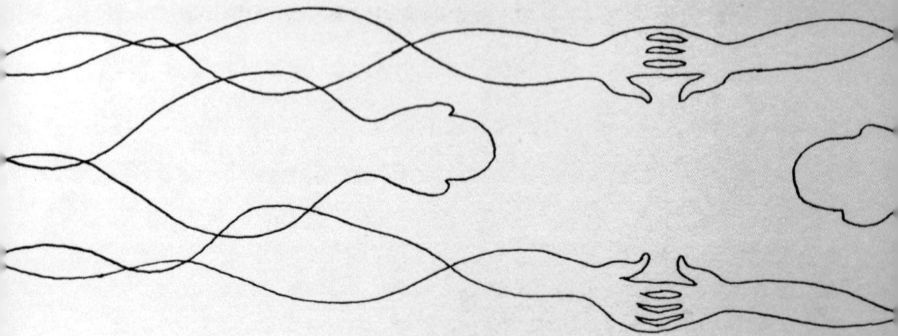

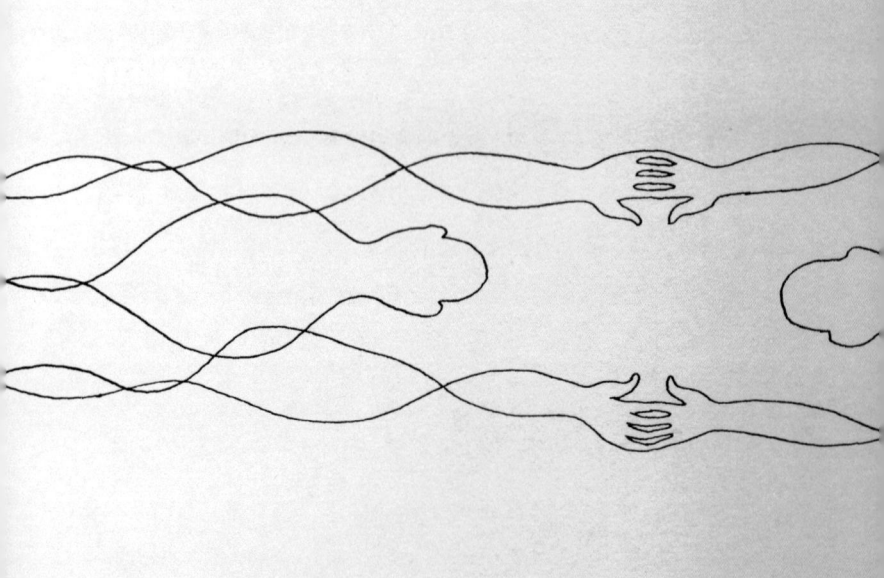

levável

aroma
me supus em
amora

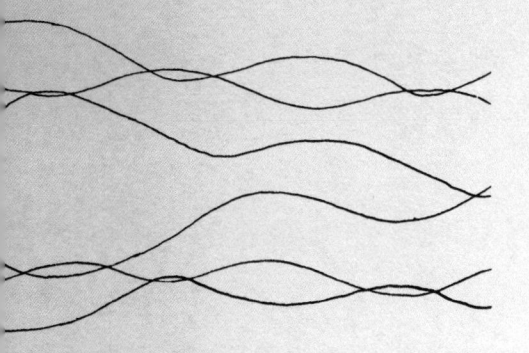

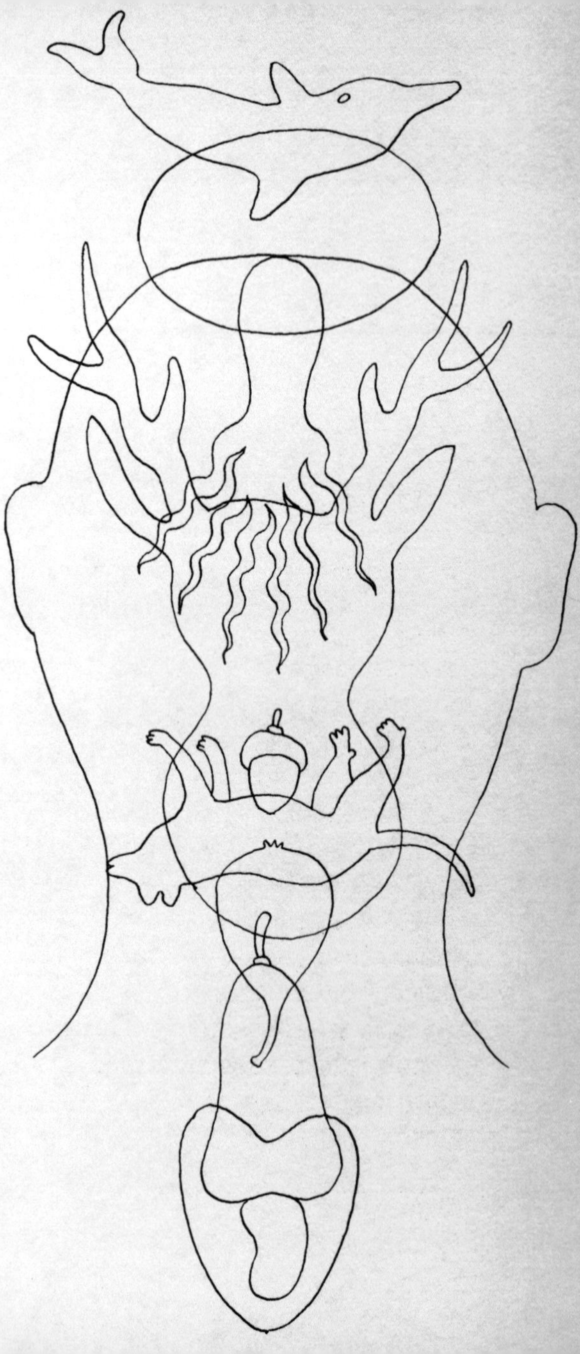

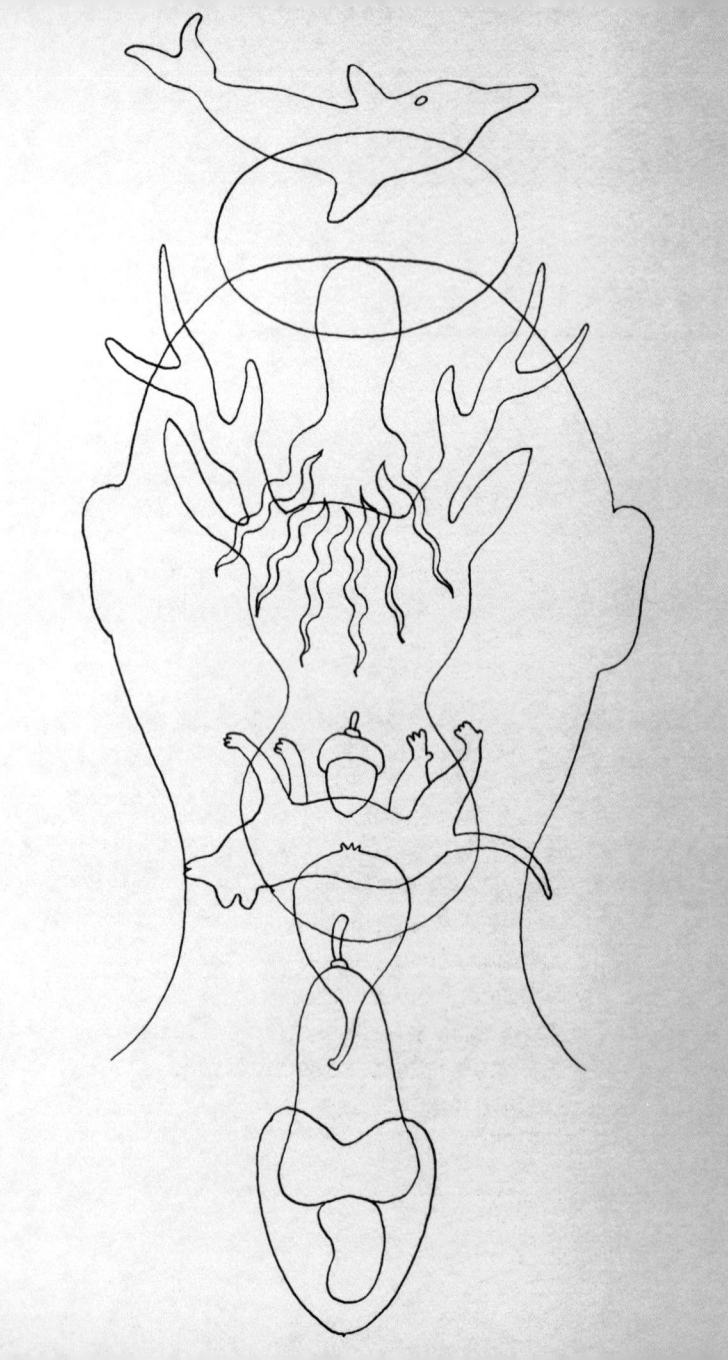

língua viva

liquens, guelras
tíbias, lóbulos, labirintos
polvos e jaguares e celenterados
o lince e o faisão
as algas e os ciprestes
a linfa e os alvéolos
os figos e os felinos
alces, cervos e cajus

a relva e os ramos
 a avenca e os golfinhos
o mandril e o celacanto
dálmatas, quatis
esquilos, avelãs,
javalis

a seiva percorre
o caule
da sequoia
secular

o sangue pulsa
quente
em minha veia
jugular

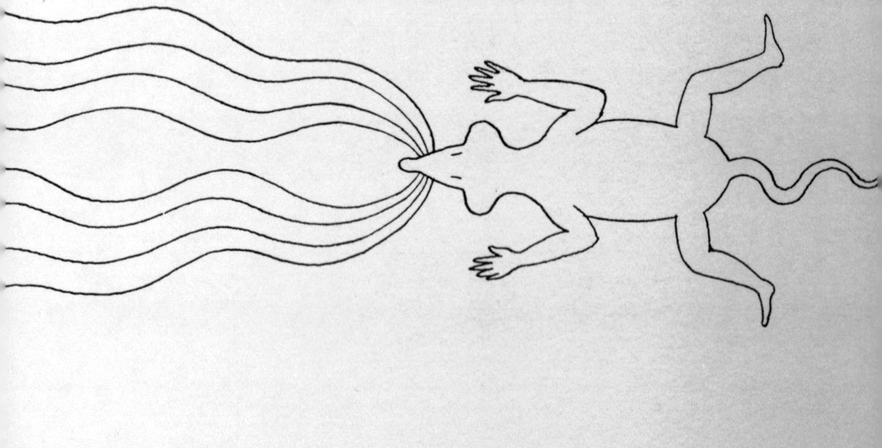

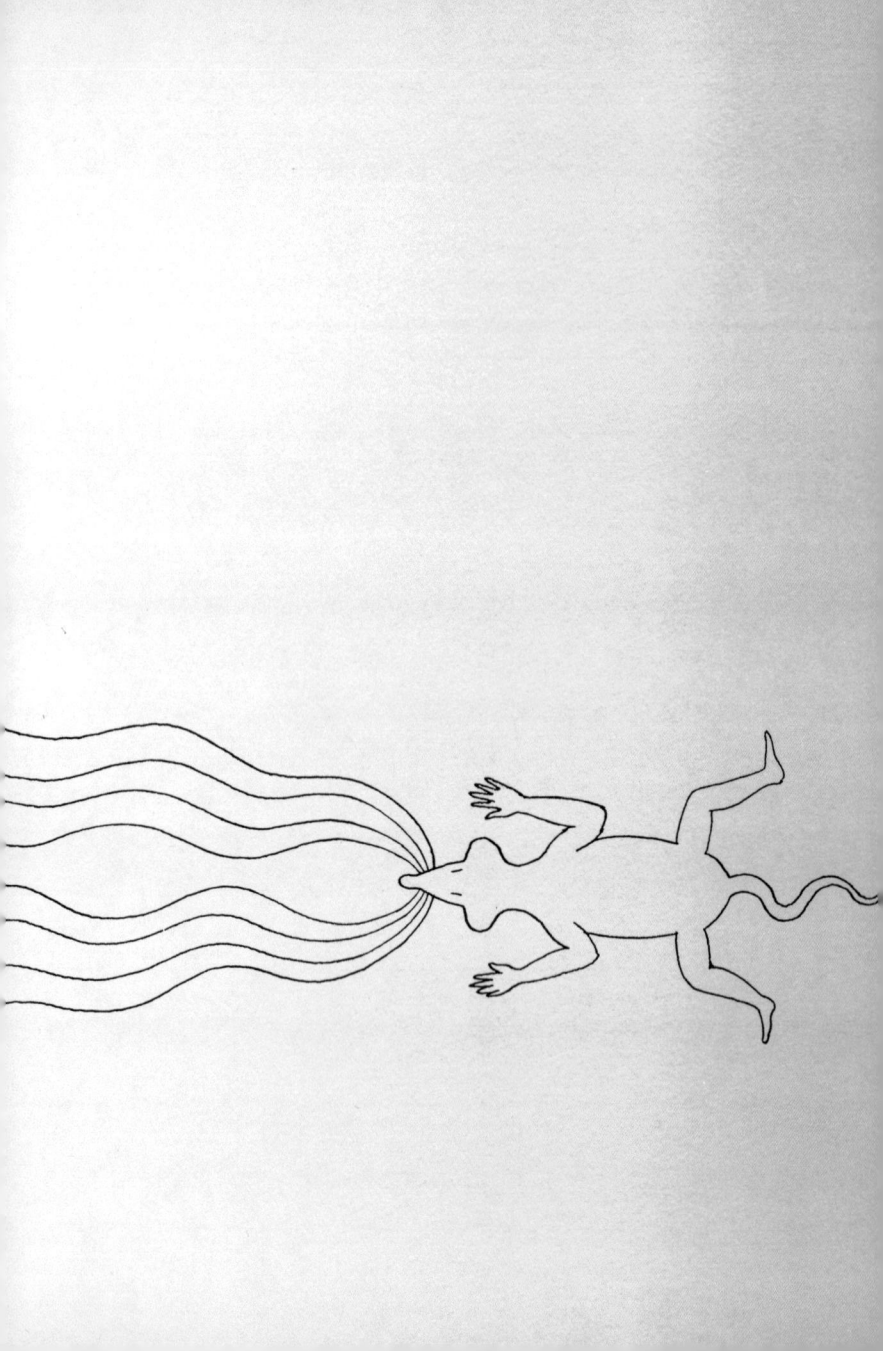

riacho

entre o cheiro
verde-escuro

pedras passam
pedras ficam

microsseres
se mantêm
desperdiçam
sua cota
em espasmos
angulosos

camundongo
negro e cego
para um pouco
— sem parar
o tremor do seu bigode —
e engana
a sua fome

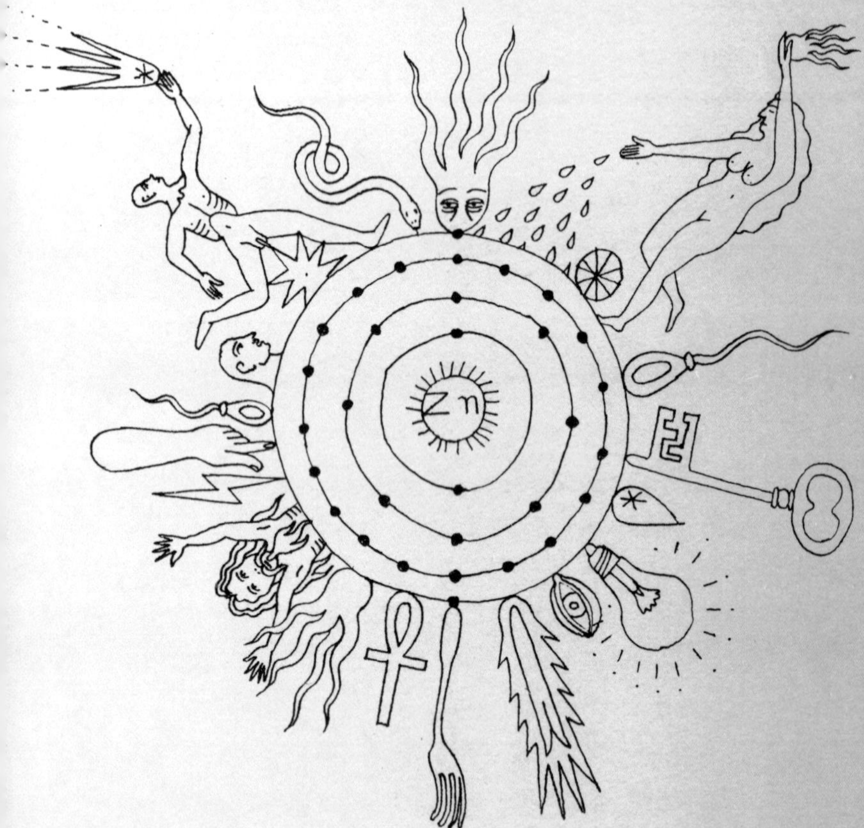
Zn

átimo

bilhões de átomos de zinco
fazem o óvulo
relampear
no momento exato
em que é fertilizado.

um átimo;
um jato
de luz.

a chance
de vingar
com vigor e saúde
é tão maior
quanto for
o fulgor
primordial
desse
lume.

eu, você,
usain bolt, pina bausch,
steffi graf, dalai lama,
yma sumac, amos oz,
michelle obama, arafat,
julio cortázar, rita lee,
uri geller, rasputin,
cleópatra, bartira, lúcio flávio,
zlatan ibrahimović,

os bilhões de invisíveis
e o profeta gentileza,

todos
tivemos nosso
microssegundo
de esplendor.

por um triz

brilho da flor
equilibra
o bico do colibri

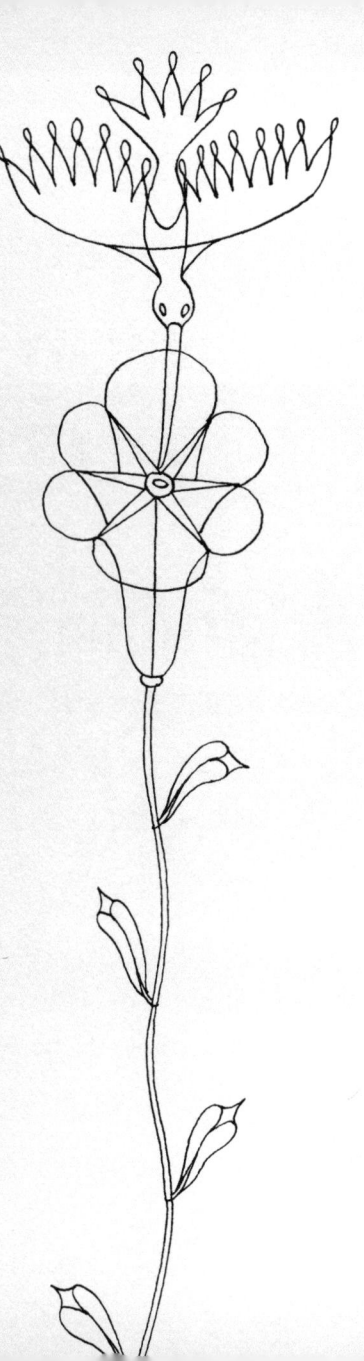

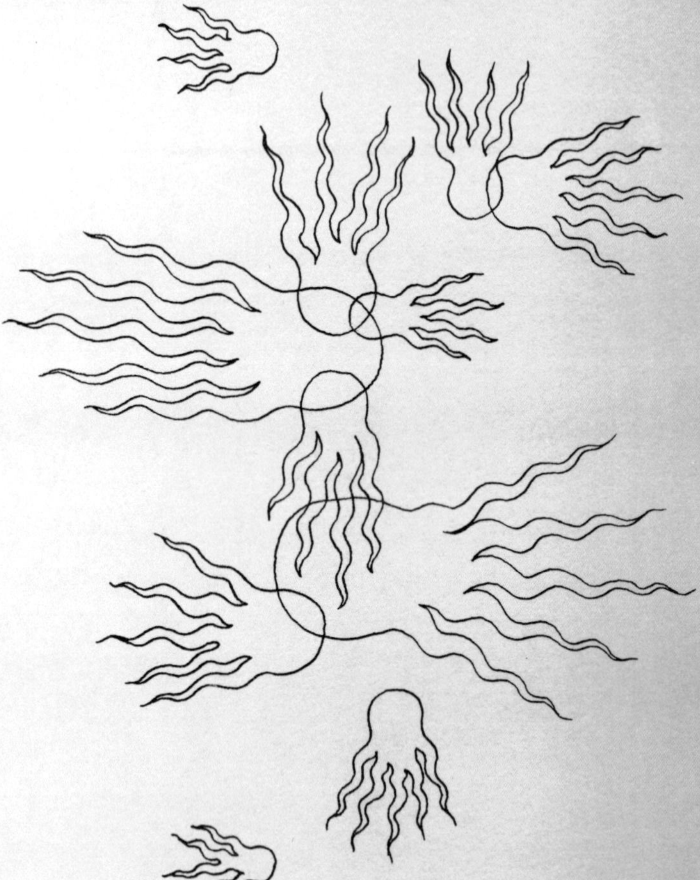

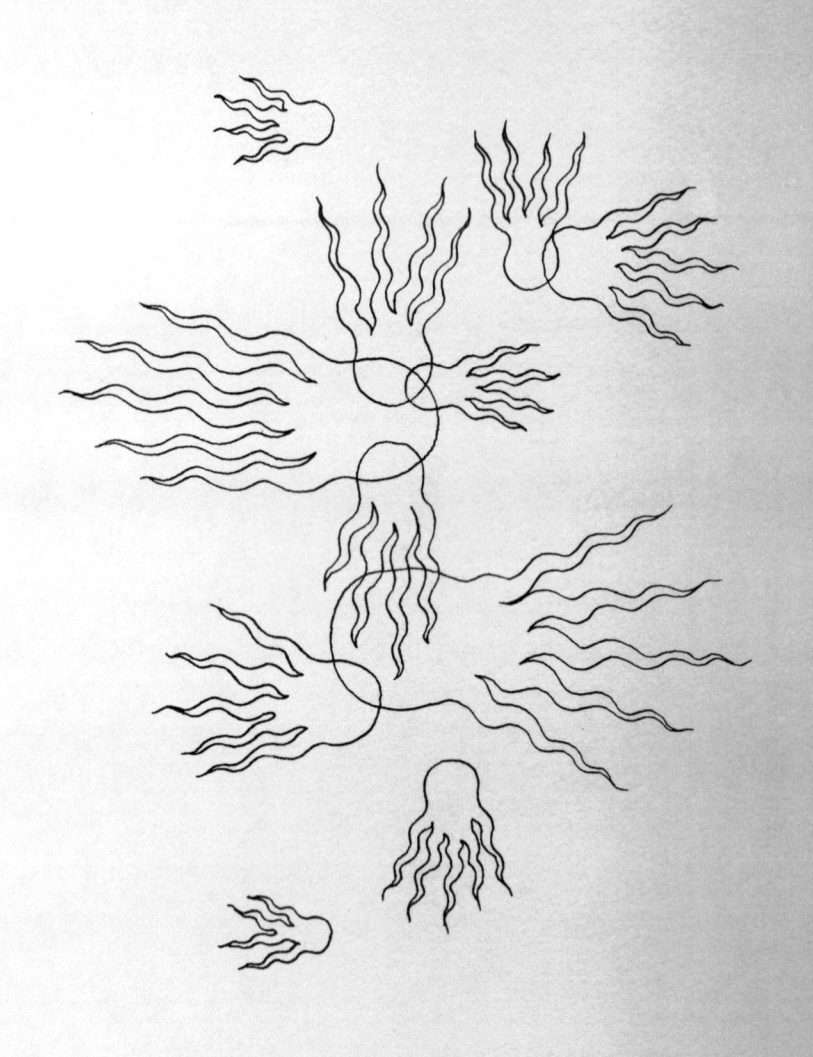

overmatch

UM   ENCONTROU
O OUTRO
E
PRONTO

reverta

reverta o reler, esse rodador, mirim rodador, esse reler: o atrever

reverta o reler, esse rodador, esse reler: o atrever

reverta o reler, esse reler: o atrever

reverta o reler: o atrever

atrever